Le Caractère anglais jugé par un Américain (English Traits) de Ralph Waldo Emerson

Émile Montégut

Paris, 1856

© 2023 SHS Editions
Le portail des sciences humaines et sociales
Illustration de couverture : © domaine public
Edition : SHS éditions (Hérault, 34)
Contact : infos@culturea.fr
Imprimé en Allemagne par Books on Demand
In de Tarpen 42, Norderstedt.
Design typographique : Derek Murphy
Layout : Reedsy (https://reedsy.com/)
ISBN : 9791041911431
Dépôt légal : Avril 2023

LE
CARACTÈRE ANGLAIS
JUGÉ PAR UN AMÉRICAIN

English Traits, by Ralph Waldo Emerson, 1856.

Un des faits que les philosophes sont unanimes à reconnaître, c'est l'existence d'un certain être métaphysique qui s'appelle caractère national. Chaque nation possède une âme générale qui se dégage des individus composant cette nation, qui circule et plane invisible, intangible, et qui cependant dénote sa présence par des actes matériels. Est-ce une abstraction ou une réalité ? L'une et l'autre à la fois, serait-on tenté de dire. Vous pourriez passer en revue la moitié des habitans d'un pays sans rencontrer en eux les signes caractéristiques de l'âme nationale, et tout à coup elle se révèle à vous à l'improviste par quelque signe fugitif : un mot, un geste, l'expression d'une répugnance, la vibration d'un accent passionné, la démarche d'un passant ; mais à peine l'avez-vous aperçue, que déjà elle s'est enfuie. Le caractère d'une nation est une chose que l'on sent plutôt qu'on ne la voit, une chose qui tient le milieu entre une conception de l'esprit et une réalité matérielle, qui est impersonnelle et qui agit cependant par les individus, qui n'existerait pas sans la nation, et qui en est pour ainsi dire indépendante. Quand on réfléchit sar ce qu'on appelle caractère national, on n'est plus tenté de railleries querelles des nominalistes et des réalistes, et l'on se pose involontairement leur vieille question : est-ce un mot, un simple *flatus vocis* ? est-ce un être existant par lui-même ? Cette question en entraîne infailliblement une autre plus importante : ce caractère national est-il une pure généralisation, un résumé collectif, une synthèse embrassant *a posteriori* toute une série de faits, ou bien existe-t-il dès l'origine et se trouve-t-il *a priori* chez les nations ? Est-ce une force simple, une monade active qui, féconde par elle-même, crée un ordre particulier de faits, ou bien se forme-t-il par agrégation et affinité lente et successive d'actes accomplis dans un milieu déterminé pendant un certain laps de temps ? Chacun peut répondre à cette question, selon qu'il penche vers la croyance à un plan divin d'après lequel une tâche particulière aurait été assignée à chaque peuple, ou selon qu'il considère l'histoire comme un enchaînement de faits empiriques se poussant les uns les autres par le simple effet de rapports de succession dus à un hasard fatal. Les deux opinions sont peut-être également vraies, car le caractère des nations se présente à la fois comme force créatrice et comme forme ou revêtement des actes créés ; mais la plus digne d'attention est celle qui considère le caractère national comme existant à priori.

S'il est difficile de déterminer l'essence de cette âme nationale, demi-abstraction, demi-réalité, il est bien plus difficile encore de décrire ses traits. La vie a une logique qui n'est pas celle de nos pédantesques méthodes ; elle aime la simplicité, mais une simplicité féconde et non mathématique ; elle aime les contrastes, ses combinaisons sont infinies, d'un même principe elle sait faire jaillir des conséquences contradictoires. Aussi est-il très difficile de déterminer rigoureusement quels sont les traits principaux d'un caractère national, sans s'exposer à recevoir un démenti formel de quelque fait inattendu ou ignoré. Les exceptions sont même quelquefois tellement nombreuses, qu'elles dépassent la règle générale. « Parlez tant que vous voudrez de peuples et de siècles auxquels le don de la poésie a été refusé, disait naguère un des plus subtils analystes de ce temps-ci, et un jour il plaira à la nature de faire naître Pindare en Béotie et André Chénier au XVIIIe siècle. » Il en est de même de tout caractère national. Déclarez, par exemple, que l'esprit anglais est pratique avant tout, prosaïque par conséquent et amoureux de l'utile : on vous répondra qu'il serait presque aussi vrai de dire que l'esprit anglais est essentiellement poétique, car les plus grands hommes de l'Angleterre ne sont pas James Watt et Arkwright. Le peuple anglais est doué d'une grande force de volonté, c'est là un fait généralement reconnu ; mais un observateur qui n'est pas préoccupé de se conformer aux opinions reçues remarque bien vite que la force d'imagination est pour le moins aussi grande chez ce peuple que la force de la volonté. Les Anglais ont le goût pratique de l'agriculture, et ils poussent ce goût jusqu'à ses dernières limites ; mais ils ont aussi un naïf et sauvage amour de la nature, qui ne se trouve à ce degré chez aucune autre nation. Ils sont très durs, très froids, et cependant ils ont une timidité d'enfant, une tendresse de femme qui se révèlent parfois de la manière la plus charmante et la plus inattendue. Ils sont grands voyageurs, cosmopolites d'habitude, et en même temps essentiellement sédentaires, faits pour la vie domestique ; leur corps est partout, si nous pouvons parler ainsi, leur âme reste toujours anglaise. Ils ont des préjugés cruels, un pharisaïsme inique, et pourtant aucun peuple ne possède un tel amour de la justice, et dans aucun pays il ne se commet moins d'iniquités. Ce sont de véritables hommes libres, d'une indépendance farouche, et néanmoins ils sont plus soumis, plus obéissans que s'ils avaient été élevés toute leur vie sous un absolutisme paternel ou selon le code des jésuites du Paraguay. Leur égoïsme est devenu proverbial, ils sont avides, rapaces, absorbans, oui, mais ils sont capables aussi des affections les plus passionnées et de dévouemens à outrance. Leur gouvernement, leurs lois, leurs mœurs sont enveloppés de formes surannées, et offrent encore à l'univers comme un musée vivant du moyen âge ; ils n'en sont pas moins le peuple moderne par excellence. Arrangez comme il vous plaira toutes ces contradictions. L'embarras est grand quand on essaie de ramener à l'unité tant de phénomènes opposés ; on risque de se laisser égarer par les détails, d'observer trop minutieusement, de se laisser séduire par trop de faits passagers et sans importance fondamentale. Le sagace et subtil Emerson n'a pas échappé lui-même à ces dangers ; son livre sur le caractère anglais abonde en pensées fines et en détails presque tous vrais, qu'il est allé chercher jusque dans les profondeurs de l'âme anglaise, mais qui ne sont que des détails. La question principale : pourquoi l'Angleterre est-elle ce qu'elle est, et en vertu de quelle qualité ? que représente-t-elle dans le monde ? question qui seule pouvait ramener à l'unité tous ces détails ingénieux, se sent partout, mais n'est formulée nulle part. Le livre d'Emerson a une logique secrète qui suppose que le lecteur est d'avance d'accord avec lui sur les points fondamentaux, et que la controverse ne peut rouler que sur des détails : il n'a pas de logique visible et méthodique. Il semble s'adresser spécialement à un public d'Anglo-Saxons qui n'ont pas besoin qu'on leur apprenne le rôle qu'ils jouent dans le monde, et qui connaissent, par l'instinct du sang, les qualités propres à leur race ; aussi est-il plus capable de faire rêver que d'instruire réellement.

Nous essaierons, à l'aide de ce guide subtil et à la lumière de ces milliers de pensées rapides comme l'éclair, de trouver notre route dans ce dédale du caractère anglais. Si nombreuses que soient les voûtes, les cavernes, les passages secrets, un plan cependant a présidé à cette architecture morale compliquée, un plan simple à l'origine, et que les événemens, le cours du temps, les caprices et les passions des hommes ont surchargé, augmenté, embelli ou faussé. C'est ce plan primitif qu'il s'agit de découvrir.

Ici se présente de nouveau cette question : le caractère d'un peuple est-il préexistant à sa civilisation, ou se forme-t-il à mesure que cette civilisation se déroule ? En d'autres termes, l'histoire d'un peuple est-elle le développement constant, logique de cet esprit rudimentaire si profondément caché dans les mystères de l'organisme humain, du sang et de la race, et plus profondément caché encore dans les secrets desseins de la Providence divine, par laquelle toutes les destinées des peuples furent à l'avance réglées ? Voyons si nous pourrons retrouver cette semence de l'âme anglaise ; Emerson va nous aider dans cette recherche.

« Le *Heimskringla* ou les *sagas des rois de Norvège* recueillies par Snorro Sturleson sont l'Iliade et l'Odyssée de l'histoire anglaise. Les portraits des rois norvégiens, comme ceux d'Homère, sont vigoureusement tranchés et empreints d'une forte individualité. Les sagas nous décrivent une république monarchique comme celle de Sparte. Le gouvernement disparaît devant l'importance des citoyens. Il n'y a pas en Norvège des masses asiatiques et persanes qui combattent et périssent pour agrandir un roi. Les acteurs sont des possesseurs de terres, des fermiers, dont chacun est nommé et décrit personnellement comme étant l'ami et le compagnon du roi. Une population très limitée confère à chaque individu cette haute importance. Les individus sont souvent décrits comme étant des personnes extrêmement belles, trait qui rapproche encore davantage cette vieille histoire de la moderne race anglaise. Chez eux prédomine le solide intérêt matériel, si cher à l'intelligence anglaise, et qui est pour elle comme le lien logique qui associe l'idée de mérite au fait de la possession territoriale. Les héros des sagas ne sont pas les chevaliers de l'Europe méridionale. Aucune vapeur de la France ou de l'Espagne ne les a corrompus. Ce sont de *substantiels* fermiers que la rigueur des temps force à défendre leurs propriétés. Ils ont des armes dont ils se servent non pour accomplir des actes chevaleresques, mais pour défendre leurs champs. Ce sont des hommes très avancés dans les arts de l'agriculture, vivant d'une manière amphibie sur une rude côte, et tirant leur nourriture à demi de la terre, à demi de la mer. Ils ont des troupeaux de vaches, de l'orge, du blé, du lard, du beurre et des fromages. Ils pèchent dans le *fiord*, ils chassent le daim. Le roi, parmi ces fermiers, a un pouvoir très variable, et qui quelquefois n'excède pas l'autorité d'un shérif. Le roi y est maintenu beaucoup à la façon dont les paysans de nos districts de campagne maintiennent chez eux le maître d'école ; pendant l'hiver, il vit ici une semaine, là une autre, passe dans la ferme voisine la quinzaine suivante, et ainsi de suite chez tous les fermiers tour à tour. C'est ce que le roi appelle aller en quartier chez ses hôtes, et c'était là l'unique manière dont un pauvre roi d'une pauvre terre pouvait vivre, lui et les compagnons qui formaient sa suite, lorsqu'il était obligé de quitter sa propre ferme pour aller, à travers son royaume, rassembler les redevances de ses sujets.

« Ces gens du Nord sont d'excellentes personnes après tout, pleines de bon sens et de fermeté, d'un sage conseil et d'une grande promptitude d'action. Ils ont une singulière propension à l'homicide. La principale fin de l'homme pour eux est de tuer et d'être tué : rames, faux, harpons, leviers, pioches, fourches, sont des instrumens qu'ils apprécient principalement à cause de l'aimable facilité qu'ils offrent pour l'assassinat. Deux rois, après leur dîner, vont se divertir en se passant leur épée à travers le corps, comme firent Yngve et Alf. Deux autres rois, sortant un matin à cheval pour une promenade d'agrément et ne trouvant aucune arme à leur portée, vont saisir, faute de mieux, les mors de leurs chevaux et s'en serviront pour se casser mutuellement la tête, comme tirent Alric et Eric. La vue d'une corde, d'une courroie, d'un cordon leur met immédiatement en tête la pensée de pendre quelqu'un, un mari, une femme, surtout un roi. Un fermier, s'il n'a qu'une fourche, s'en servira pour embrocher le roi Dag. Le roi Ingiald trouve extrêmement plaisant de brûler dans une salle une demi-douzaine de rois après les avoir enivrés. Jamais pauvre gentilhomme obéré ne fut plus las de la vie, n'eut désir plus furieux d'en être débarrassé que l'homme du Nord. Si sa mauvaise étoile lui refuse la chance d'une querelle, le hasard le servira d'une autre manière ; il sera comfortablement transpercé des cornes d'un taureau, comme Egil, ou bien il se tuera en glissant sur un sillon comme l'agricole roi Onund. Odin mourut dans son lit, en Suède ; mais c'était un proverbe traditionnel, qu'il était déplorable de mourir de vieillesse. Le roi Hake de Suède frappe d'estoc et de taille dans un combat aussi longtemps qu'il peut tenir, puis ordonne que son vaisseau de guerre, chargé des cadavres de ses hommes et de leurs armes, soit mis en mer, toutes voiles déployées. Resté seul, il met le feu à du bois goudronné, et se couche heureux sur le pont. Le vent souffla de la terre, chassant le vaisseau qui fuyait en répandant des jets de flammes, entre les îles, au milieu de l'Océan, et ce fut là la digne fin du roi Hake. »

Vous ne reconnaissez point là, n'est-il pas vrai, l'Angleterre moderne, avec sa légalité, ses libertés constitutionnelles, ses universités, son église épiscopale, ses hommes d'état et ses poètes ? Et cependant elle est là tout entière pour qui sait bien voir ; pas un seul trait n'y manque. Seulement, grâce aux leçons du temps et à une culture continue, cette férocité anarchique est devenue indépendance indomptable, cette violence a été tempérée par le respect des droits d'autrui ; cette nature active et libre a appris à s'exprimer par des moyens plus nobles que des combats à coups de fourche. L'analyse des *sagas* nous révèle le rudiment de l'âme anglaise, et, cet élément une fois reconnu, il est facile d'en suivre à travers l'histoire les lents et successifs développemens. Dans cette sauvage population de pirates et de fermiers, nous avons l'origine de la constitution et de la liberté anglaise, si vainement cherchée dans des chartes et des parchemins qui eux-mêmes étaient un effet et non une cause ; nous avons l'origine de son gigantesque commerce, de ses colonies, de sa merveilleuse agriculture. Elle dormait tout entière chez ces barbares, cette Angleterre moderne, objet d'étonnement pour toutes les nations. Conquête de l'Inde, esprit pratique, vif sentiment de la réalité, génie de Shakspeare, furieux et homicides poèmes de Byron, rudes *yeomen*, impérieux gentilshommes, tout cela se retrouve au fond des descriptions des vieilles *sagas* norvégiennes, tout jusqu'à cette beauté physique, à cette fleur de carnation, célèbre dès le VIIe siècle, dont nous admirons aujourd'hui l'éblouissant épanouissement, et qui dénote une race vierge, chaste et rustique.

L'Angleterre représente essentiellement la civilisation barbare, la civilisation dont le germe était enfoui au fond de l'âme germanique. Partout ailleurs, les barbares ont plutôt châtié le monde qu'ils ne l'ont refait à leur image, mais là ils ont mis leur empreinte. Cette île n'a été peuplée que de barbares, et, par une sorte de dessein providentiel, des pires de tous les barbares. Lorsque les Saxons abordèrent dans l'île, ils y trouvèrent une population de Celtes, non pas de Celtes romanisés, façonnés à la servitude, instruits aux arts de la civilisation, dont les ancêtres avaient rempli les rangs de la fameuse légion de *l'Alouette*, et dont les frères avaient occupé les charges de patrices et de consuls, mais de Celtes absolument sauvages, sur lesquels Rome n'avait jamais pu mordre, parmi lesquels elle n'avait laissé aucune marque de sa puissance. La barbarie autochthone fut vaincue par la barbarie envahissante, et quelle barbarie ! Les Germains qui avaient envahi l'empire, Goths, Franks et Bourguignons, ces Germains, si aisément vaincus par le spectacle de Rome agonisante, si aisément convertis et baptisés, si vite circonvenus par les évêques et les moines, étaient des prodiges d'humanité, et avaient une aptitude merveilleuse à la civilisation, si on les compare à ces hommes sortis des bruyères du Holstein et des sables du Jutland. Ils continuèrent dans leur nouvelle patrie les exercices homicides qui leur étaient familiers, et fondèrent une sauvage heptarchie. Une mer de barbarie était destinée providentiellement à recouvrir l'Angleterre, et, le flot chassant le flot, l'invasion dura six siècles. À peine une faible lueur de civilisation commençait-elle à poindre, à peine quelques monastères étaient-ils fondés, que le vent du nord souffla cette flamme et que la nuit recommença. La Scandinavie épuisa libéralement ses veines pour couvrir l'île privilégiée de pirates et de meurtriers[1]. On eût dit que la Providence, mécontente du mélange de civilisation et de barbarie qui s'était si rapidement accompli sur le continent, voulût cette fois préserver la barbarie de tout contact avec la civilisation. Dans l'étroite arène de l'Angleterre, ces races sœurs et ennemies se combattirent jusqu'à extinction, se mêlèrent enfin et se fondirent l'une dans l'autre, non par des actes de sympathie et de bienveillance réciproque, mais à force de violences et d'exactions, d'impôts du *danegeld* et de massacres de la Saint-Brice. Lorsque le combat eut duré assez longtemps, les survivans se relevèrent et consentirent enfin à vivre à peu près en paix. L'abondance du sang qui avait coulé, en épuisant la vigueur virile, avait aussi épuisé les haines. C'est ainsi que, depuis le jour où ces deux frères à demi fabuleux, Hengist et Horsa, abordèrent sur les côtes de la Grande-Bretagne jusqu'au jour où le duc Guillaume mit fin à cette anarchie, et confisqua au profit de ses compagnons cette exubérance de forces viriles, la barbarie régna sans contrôle, son niveau restant presque toujours la même et ne baissant que par degrés insensibles. Elle se modifiait cependant, non sous l'influence, il est vrai, de forces civilisatrices, mais en s'épuisant elle-même, en se saignant à blanc. Ce dépouillement du tempérament barbare se faisait néanmoins avec tant de lenteur, qu'il y en avait pour plusieurs siècles, si la conquête normande n'était survenue.

Le résultat de cette persistance de la barbarie a été une civilisation entièrement originale. Privés des secours que les Germains trouvèrent dans les débris de la société romaine, les Saxons durent tout tirer d'eux-mêmes. Sur le continent existait un dualisme bizarre qui n'exista jamais en Angleterre : la civilisation d'une part, la nature barbare de l'autre. La civilisation était extérieure à l'homme, et se trouvait pour ainsi dire opposée à la nature. L'homme faisait effort pour se l'assimiler, la transporter en lui ; il ne la tirait pas de lui-même. De là la complication ou plutôt le gâchis confus des premiers siècles qui suivirent la conquête, ces imitations maladroites de Rome, ces puériles singeries de grandes choses mal comprises, et cette corruption réciproque de la civilisation romaine par la barbarie, des instincts barbares par la civilisation. Plus heureux que les Germains du continent, les Saxons, ne trouvant rien à imiter, organisèrent leurs institutions d'après les institutions de leur pays natal et leurs instincts d'indépendance. Magistratures locales, divisions de l'Angleterre en comtés, jugement par jury, ont leur origine dans cette époque lointaine, et toutes ces institutions purent s'établir sans voir se dresser devant elles des souvenirs de droit romain et des traditions ennemies ; mais ce que les Saxons conservèrent surtout pur de tout mélange, ce furent leurs instincts barbares, leur amour du combat, leur dédain de la vie.

Emerson s'emporte contre les Normands, il les appelle voleurs et pirates. Qu'étaient donc les Danois et les Saxons qu'ils vinrent soumettre ? Nous croyons au contraire que la conquête accéléra la marche de cette civilisation qui avait tant de peine à percer l'épaisse couche de barbarie qui recouvrait son germe vigoureux. Il y en avait encore, sans Guillaume et ses compagnons, pour des siècles d'anarchie sanglante. La conquête fut très dure, mais elle se fit dans les meilleures conditions et amena les meilleurs résultats. Elle se fit par des hommes de même origine que les vaincus et doués des mêmes instincts. Au fond, les Normands n'apportaient pas avec eux une nouvelle civilisation ; ils n'apportaient qu'un degré supérieur de culture. Le *self-government* leur était cher aussi bien qu'aux Saxons ; seulement, placés dans des conditions plus favorables, ils en faisaient une meilleure application. L'indépendance personnelle, au lieu de se traduire chez eux par de violens assassinats, se traduisait par des actes chevaleresques et par des conquêtes de royaumes. On a beaucoup parlé d'un élément latin qui aurait été introduit en Angleterre par les Normands ; mais le seul élément latin qu'ils y aient réellement importé, c'est leur langage. Pour tout le reste, mœurs et institutions, ils ne firent que modifier la forme sans altérer en rien la substance première. Ils n'abolirent pas ces instincts de combat que nous avons signalés, mais ils leur donnèrent un but ; ils régularisèrent l'esprit d'anarchie et tracèrent des limites à l'indépendance personnelle. Ce fut toujours le *self-government*, mais mieux interprété. Ce sont les Normands qui ont fait cesser la stérilité des instincts saxons et les ont rendus fertiles ; leur épée, en s'enfonçant comme une charrue bienfaisante dans ce sol vigoureux, l'a débarrassé des ronces et des bruyères sauvages qu'il avait produites jusqu'alors, et en a fait jaillir les riches moissons qu'il recelait. Ce que l'Anglais moderne a fait pour sa terre natale, la conquête normande le fit pour la nature saxonne : Emerson remarque très bien qu'en Angleterre rien n'est tel qu'il fut d'abord ; on a transporté la terre fertile, on a utilisé le roc, on a sondé les gués de toutes les rivières. Les lois sur la chasse et le couvre-feu, les dures lois protectrices de la vie des Normands, la tyrannie féodale, furent en quelque sorte les instrumens d'agriculture qui façonnèrent le peuple farouche des vaincus.

Ainsi en Angleterre nulle contradiction dans les faits. Saxons, Danois, Normands, toutes ces populations successives suivent un même courant historique. Les Saxons et les Scandinaves représentent les instincts et les institutions barbares, les Normands représentent le perfectionnement de ces mêmes instincts et de ces mêmes institutions ; tous personnifient à des degrés divers le même esprit, l'esprit germanique, et le même principe, la liberté individuelle. Les races n'ont pas été croisées ; les alliances accomplies n'ont jamais dépassé un certain degré de parenté ; mariages et querelles ont été des mariages et des querelles de famille : c'est dans ce fait physiologique d'un sang pur de tout mélange violent, et dans ce fait moral d'une âme pure de toute éducation antipathique à ses goûts et à ses habitudes, qu'il faut chercher l'origine de la civilisation anglaise.

Ces instincts n'ont pas disparu, ils se sont transformés : de pirates et de guerriers, les Anglais sont devenus colonisateurs et commerçans ; mais aujourd'hui comme autrefois la même exubérante activité, la même absorbante énergie, se font remarquer chez eux. Le voyageur qui descend Cheapside ou le Strand, au spectacle de ces milliers de voitures pressées les unes contre les autres et guidées par des cochers en haillons plus habiles que ne le furent jamais les coureurs des jeux olympiques, au spectacle de cette foule qui se rue plutôt qu'elle ne marche, de ces passans au pas précipité et à l'air affairé, ce voyageur, s'il a quelque imagination, ne peut s'empêcher de penser aux mêlées meurtrières et aux annales sanglantes du passé. Pour l'Anglais moderne comme pour le vieux Scandinave, la vie est toujours un combat ; les champs de bataille seuls ont changé. Dans les hautes classes de la société, ainsi que le remarque fort bien Emerson, le raffinement de la civilisation ne fait que donner à cette énergie native une force de plus ; le charme des manières rend la victoire plus sûre encore, la résistance plus inutile, et les personnes plus formidables. Du haut en bas de l'échelle sociale, ils sont physiquement vigoureux et ont un goût prononcé pour les exercices physiques. « Les Anglais ont une énergie constitutionnelle plus grande que celle d'aucun autre peuple, dit Emerson. Ils pensent, avec Henri IV, que les exercices virils sont le fondement de cette élévation d'esprit qui donne à un homme son ascendant sur un autre homme, ou avec les Arabes que les jours passés à la chasse ne comptent pas dans le cours de la vie. Ils boxent, courent, chassent, montent à cheval, nagent, rament et naviguent d'un pôle à l'autre. Ils boivent et mangent à outrance, vivent librement au grand air, et mettent un intervalle de solide sommeil entre leurs journées. Ils marchent et vont à cheval le plus vite qu'ils peuvent, la tête penchée en avant, comme s'ils étaient pressés par quelque affaire urgente. Les Français disent que les Anglais marchent toujours droit devant eux dans les rues, comme des chiens atteints de folie. Hommes et femmes marchent avec un empressement frénétique. Aussitôt qu'ils ont la force de tenir un fusil, la chasse est l'art d'agrément de tout Anglais de condition. C'est le plus vorace peuple de proie qui ait jamais existé.

Chaque saison ramène l'aristocratie à la campagne pour chasser et pêcher. Les plus vigoureux sortent de l'île et s'en vont en Europe, en Amérique, en Asie, en Afrique, en Australie, pour se livrer avec fureur à toutes les variétés de la chasse, chasse au fusil, chasse au piège, au harpon, au *lasso*, chasses au moyen du chien, du cheval, de l'éléphant, du dromadaire. Ils ont écrit les livres de chasse de toutes les contrées, ainsi que le témoignent les écrits de Hawker, de Scroop, de Murray, de Herbert, de Maxwell, de Cumming et d'une infinité de voyageurs. » Cette fureur d'action, qui survit souvent à l'âge de l'action, se traduit par des luttes d'une variété de formes infinies. Tout tourne à la lutte en Angleterre, même les occupations paisibles. Les Anglais forgent le fer, construisent des manufactures, défrichent, émigrent, comme ils chassent et voyagent.

Emerson, qui a si excellemment jugé cette faculté d'activité, aurait pu pousser beaucoup plus loin son analyse. Toute la vie intellectuelle de l'Angleterre se ressent de cet instinct dominant. Ce n'est pas un peuple contemplateur ni même méditatif, dans le vrai sens du mot ; c'est un peuple imaginatif. Tout ce qui peut imprimer une secousse à ses nerfs, tout ce qui lui procure une sensation nouvelle, il le recherche avec avidité. Il aime la nature comme il aime une longue course et un bain rafraîchissant au bout de cette course. Son intelligence est peu spéculative, et il sent tout corporellement. Son tempérament est, pour ainsi dire, plus intellectuel que son âme. De là la magie propre à ses poètes, et qui n'appartient à aucun autre peuple. Les poètes anglais ne décrivent pas la nature comme de didactiques académiciens, ils ne la célèbrent pas comme des admirateurs et des *dilettanti* ; encore moins la contemplent-ils pieusement, comme de mystiques brahmanes, d'un œil religieux. Elle ne leur inspire ni piété, ni amour désintéressé, elle ne leur inspire que des désirs de possession. Amans violens et hardis, ils portent la main sur elle, s'enivrent de sa lumière, se roulent dans ses fleurs et se relèvent le corps imprégné de ses parfums. De cet amour actif, excessif, de cette prise de possession réelle de la nature, dérivent toutes les qualités propres aux poètes anglais : le luxe des images, l'impression vive, acre, pénétrante du plaisir ressenti, les frissons nerveux, les spasmes du cœur, les cris d'enthousiasme et de douleur, en un mot toutes les émotions vivantes et toutes les chastes voluptés que peut faire éprouver la nature à un homme énergiquement doué. Cette ardeur active, entreprenante, cet amour passionné, sincère, absorbant de la nature, qui repoussent toute idée de méditation, d'état passif, sont le grand caractère des poètes anglais, depuis Shakspeare et les contemporains d'Elisabeth jusqu'à Byron et à Shelley. Les plus doux et les plus pieux, tels que Cowper et Wordsworth, sont eux-mêmes bien loin d'en être exempts.

Les anciens croyaient que le cerveau était un animal ; mais cette hypothèse est une réalité pour le peuple anglais. On peut dire sans métaphore que son cerveau a des pieds et des mains. Oubliez toutes les expressions figuratives ou métaphysiques, les ailes de l'âme, le vol de la pensée, l'ubiquité de l'esprit : l'âme des Anglais ne vole pas, elle marche ; elle n'est pas supérieure à l'espace, elle habite un lieu. « Les Anglais, dit Emerson, sont terrestres et de la terre, *they are of the earth, earthy.* » Rien n'est plus juste. Leur intelligence se meut comme un être animé ; elle ne comprend que ce qu'elle a saisi, elle ne voit que ce qui est devant elle. Lorsqu'elle veut voir plus loin, elle s'ingénie à inventer des instrumens d'optique, comme nous en inventons pour aider la faiblesse de notre vue physique ; mais ce que cette intelligence a vu ainsi, elle en garde le souvenir fidèle, et ce qu'elle a saisi, sa main vigoureuse ne le laisse plus échapper. Les Anglais, au lieu de se laisser dominer par les idées, les dominent ou les évitent : ils en font des objets de propriété, et les travaillent comme ils travaillent le fer et les métaux, corrigeant un détail, perfectionnant un rouage, ajoutant un ressort avec une opiniâtreté infatigable. Leurs spéculations métaphysiques sont toutes spéciales, et sont vigoureuses plus qu'élevées ; elles s'appliquent exclusivement à la science terrestre comme celles de Bacon, ou au gouvernement politique comme celles de Hobbes, ou à un point fermement circonscrit de la science comme celles de Locke ; mais ce n'est pas dans la métaphysique que leur intelligence triomphe. Là où elle se plaît, c'est dans le domaine des faits. Son élément, c'est la lutte. Donnez-lui une correspondance de journal à rédiger, un pamphlet à écrire, une discussion parlementaire à soutenir, une institution à défendre, un cabinet à attaquer, alors vous la verrez déployer une ardeur extraordinaire, La véritable vie intellectuelle des Anglais, c'est la politique et la controverse, et encore la politique et la controverse sous une forme pratique, personnelle, sur laquelle leurs dents puissent mordre, et contre laquelle leurs poings puissent frapper. Ils sont d'assez médiocres théoriciens politiques et de mauvais généralisateurs : ils n'ont pas inventé le système des droits de l'homme, et ce sont des étrangers, Montesquieu et Delolme, qui ont écrit la théorie de leur constitution ; mais qu'il s'agisse de savoir si le *ship money* a été illégalement imposé, quelles sont les limites du pouvoir de dispense, ou si le principe de l'échelle mobile est préférable au principe de la liberté absolue dans le commerce des céréales, et ils vont se battre pendant des années. Ils n'ont pas dans la théologie et la critique religieuse l'esprit généralisateur des Allemands ; mais qu'on vienne à rechercher si le baptême doit être ou non conféré avec le signe de la croix, ou quelle est l'attitude la plus convenable pour recevoir l'eucharistie, et en voilà pour des siècles de controverse. Toujours le combat, la lutte active.

Ainsi, dans les mœurs et dans les habitudes de l'Anglais, dans sa vie intellectuelle, et même dans les manifestations les plus élevées du génie national, se retrouvent les qualités natives propres aux races barbares. La civilisation les a transformées et les a appliquées à des objets dignes d'être conquis, à un but digne d'être poursuivi. Nous ne les reconnaissons plus aujourd'hui sous cette forme que leur ont donnée le christianisme et la richesse ; mais lorsque par hasard le voile de la civilisation se déchire, nous apercevons leurs traits terribles. Dans les classes supérieures de la société, parmi les hommes d'un âge mûr et d'un esprit cultivé, ce n'est qu'à force de gratter l'Anglais qu'on retrouve le Saxon, pour employer l'expression énergique que Napoléon appliquait aux Russes ; mais dans les classes populaires, chez les hommes dont l'âge n'a pas encore amorti le tempérament, dans les manifestations des mauvais penchans de notre nature, cette vigueur barbare se découvre absolument à nu, sans souci de se dissimuler.

« Cette nation, dit Emerson, a une nature épaisse, acre, animale, que n'ont pu adoucir des siècles de christianisme et de civilisation. Alfieri disait que les crimes de l'Italie étaient une preuve de la supériorité de la race. On pourrait dire de l'Angleterre que c'est une montre qui se meut sur un pivot de diamant. Les Anglais non cultivés sont un peuple brutal. Les crimes mémorables inscrits dans leurs registres judiciaires ne laissent rien à désirer pour la froide méchanceté. Cher au cœur anglais est un beau combat, bien soutenu. La brutalité des mœurs dans les classes inférieures se révèle par la boxe, les combats d'ours et de coqs, l'amour des exécutions publiques, et par cette prompte disposition au pugilat dans les rues qui est un spectacle si délicieux pour les Anglais de toute condition. Les gens du marché ont la lâcheté en horreur. — Nous devons d'abord faire un peu manœuvrer nos poings, disent-ils ; nous sommes tous habiles avec nos poings. — Les écoles publiques sont accusées d'être des tanières de brutalité, et sont chéries du peuple à cause de cela. Les tortures infligées au souffre-douleur des écoles publiques sont une confirmation de ce fait. Medwin, dans la biographie de Shelley, rapporte qu'à l'école militaire ils roulèrent un jeune homme dans la neige, et, l'ayant laissé ainsi dans sa chambre tandis qu'ils allaient à l'église, l'estropièrent pour toute sa vie. Ils ont gardé la coutume de la presse maritime, la punition du fouet pour la marine, l'armée et les écoles publiques. Telle est la férocité de la discipline militaire, qu'un soldat condamné au fouet demande souvent que sa sentence soit changée en une sentence de mort. La peine du fouet, bannie de toutes les armées de l'Europe occidentale, est conservée en Angleterre de par l'autorité du duc de Wellington. Le droit du mari à vendre sa femme s'est perpétué jusqu'à nos jours. Sir Samuel Romilly disait des statuts criminels de l'Angleterre : « J'ai examiné les codes criminels de toutes les nations, le nôtre est le pire ; il est digne d'anthropophages. « Dans la dernière session, la chambre des communes a dû écouter des histoires de flagellations et de tortures pratiquées dans les prisons. »

Emerson aurait pu ajouter que cette férocité se révèle encore dans l'aspect général de la société anglaise, qui a quelque chose de ténébreux et de sinistre. Les curiosités de l'Angleterre ne sont pas les spectacles, les lieux publics, les offices religieux, le parlement, ni même ces courses et ces chasses à outrance, principaux divertissemens de la société anglaise : non, les curiosités véritables de ce pays singulier sont beaucoup moins gaies et beaucoup plus repoussantes. Les Anglais sont riches en institutions et en établissemens sinistres. Les prisons, le *tread mill*, les *workhouses*, les *ragged schools*, sont au nombre des principales originalités du pays. La portion la plus riche et la plus intéressante de leur littérature contemporaine est celle qui concerne les populations malfaisantes et les classes d'habitude abandonnées. Combien y a-t-il de mendians et de voleurs dans la métropole ? Combien y a-t-il de filles qui foulent chaque soir les pavés de Londres ? Les mendians anglais qui couchent sur le seuil des portes sont-ils plus malheureux que les Irlandais qui logent dans les étables à cochons ? Telles sont quelques-unes des aimables questions auxquelles répond cette littérature. Les lieux de plaisir de l'Angleterre partagent cet aspect hideux, et sont faits pour inspirer tout autre chose que le plaisir. Quelle différence entre les lieux publics où s'assemblent les gaies populations méridionales et ces palais du *gin* où s'enivrent quotidiennement les pauvres de l'Angleterre, ces tavernes étouffantes, infectes, où les petites classes moyennes vont s'entasser le soir, sous prétexte de divertissement, comme des harengs dans une caque ! Lord Wellington disait avec dédain des populations méridionales : « Ces gens-là n'ont pas de maison. » Rien n'est plus vrai ; en revanche elles savent vivre au grand air. L'Anglais, animal domestique, possède une maison ; mais lorsque, pour une raison ou pour une autre, le *home* lui est refusé, nulle bête fauve n'a d'habitudes plus farouches. Ces aspects sinistres de la société anglaise, ces particularités du crime et du vice, ont été omis par Emerson, qui, avec sa dignité de *gentleman*, s'est dispensé de marcher dans cette boue ; mais ils doivent être signalés, car, mieux que la boxe et les combats d'ours, ils portent témoignage de cette nature *épaisse et animale* que la civilisation n'a pu encore réduire.

C'est trop insister cependant sur ce côté sombre de la société anglaise. Nous aimons mieux chercher ailleurs des preuves plus humaines de la thèse que nous avons adoptée. Emerson, avec sa pénétration habituelle, en indique deux sur lesquelles il est regrettable qu'il n'ait pas insisté davantage, la beauté physique et l'amour de la campagne. La grande beauté des Anglais doit tout au sang et à la race, et rien à la civilisation. Dès les premiers âges, ils étaient renommés pour leur beauté. Le pape saint Grégoire, au commencement du VIIe siècle, rencontra dans les rues de Rome de jeunes captifs anglais d'une beauté si merveilleuse, qu'il les bénit avec cette jolie parole : *Non Angli, sed angeli.* Après la conquête, cette beauté saxonne émerveillait les Normands eux-mêmes. Au XIIIe siècle, le vif et spirituel empereur Frédéric II de Hohenstauffen, énumérant dans de charmans vers provençaux les belles choses terrestres qui avaient enchanté ses sens, citait les mains et la chair des Anglais : *La man e cara de Anglés.* Certains peuples développent leur beauté en même temps que leur civilisation ; la race anglaise au contraire a été belle de tout temps. Ainsi, au XVIe siècle, les portraits des personnages français, hommes et femmes, nous frappent décidément par leur laideur relative, un certain tâtonnement maladroit de la nature, un dégrossissement laborieux. L'impression qui reste est celle d'une chrysalide qui a brisé à demi sa coque et qui se dépouille de sa robe grossière. La beauté française dut attendre encore cent ans avant d'arriver à l'expression parfaite d'elle-même[2] ; mais la beauté anglaise ne tient pas à cette influence spiritualiste, c'est une beauté qui tient à la race, au sang. Son caractère est essentiellement barbare. Emerson dit, à propos de la culture intellectuelle des Anglais et de leur penchant à rapporter les choses les plus idéales aux objets les plus familiers, qu'ils ressemblent à des fermiers qui viendraient d'apprendre à lire. Il en est de leur beauté comme de leur culture morale : on dirait des fermiers et des forestiers qui sont tout récemment sortis de leurs cabanes, que l'air des villes n'a pas encore eu le temps de flétrir, et dont le sang et les chairs sont encore empreints des salutaires influences des bois, des montagnes et de la mer. Cette beauté rustique et sauvage a tout le charme et toute la fraîcheur des objets naturels. C'est un fait proverbial qu'en Italie les pêcheurs et les paysans ont tous un air de princes dépossédés, et ce fait est cité comme une preuve de l'antiquité de la civilisation dans ce pays. De même qu'en Italie l'aspect aristocratique est commun à toutes les classes, en Angleterre cette beauté rustique et populaire se rencontre du haut en bas de l'échelle sociale. La force musculaire des Anglais, leur vigoureux profil, l'éclat de leur teint, le calme impénétrable de leurs regards, la gaucherie de leurs mouvemens, ne reportent pas l'esprit vers les temps écoulés, et ne racontent aucune histoire : la société n'a pas laissé son empreinte sur ces visages. Cette beauté intéresse par elle-même et n'éveille jamais la curiosité. Les accidens de la vie ne participent, dirait-on, en rien à sa formation, et il arrive rarement qu'on ait l'idée d'y chercher leurs traces. De telles personnes semblent faites pour la vie calme et saine des forêts et des champs, et c'est là aussi la vie qu'elles préfèrent. Rustique est leur beauté, rustiques sont leurs habitudes. Aussitôt qu'il le peut, l'Anglais s'enfuit loin de la ville. L'opposition qui existe en Italie et en France entre la population et la vie des villes et la population et la vie des campagnes, opposition malheureuse, et qui a eu tant de tristes résultats historiques, n'existe pas en Angleterre. Le vrai séjour de l'Anglais, c'est la campagne. L'aristocratie y séjourne toute l'année ; les riches commerçans de la Cité, leurs affaires finies, vont retrouver chaque soir leurs familles, qui habitent souvent à plusieurs lieues de Londres, Malgré l'extension du commerce et des manufactures, la vie rustique et les populations agricoles sont encore les fondemens des mœurs et de l'édifice social de l'Angleterre.

Le caractère de leur patriotisme est sous le même rapport extrêmement remarquable. Les Anglais n'ont aucune idée de la patrie dans l'acception latine de ce mot. Pour le Français, la patrie c'est le sol même, le sol, qu'on n'emporte pas à la semelle de ses souliers. L'amour du paysan français pour la terre est plus qu'un amour, c'est une religion. Tous les habitans d'un village français se trouveraient, par miracle, transportés loin de leur pays, qu'ils sécheraient d'ennui, quoique réunis ensemble et parlant la même langue. Entre la terre et l'homme, il existe chez nous des relations morales ; la terre n'est pas un objet d'exploitation, c'est un être animé. Nos codes, en faisant consister la propriété dans un lien moral qui unit le possesseur à la chose possédée, ont fait plus que définir un droit ; ils ont exprimé un des sentimens les plus profonds du cœur français. La patrie pour le Français, c'est donc le sol natal ; en dehors de ce sentiment, il ne conçoit rien qu'un certain cosmopolitisme vague et qu'une certaine idée universelle d'humanité. Tout autre est le patriotisme anglais. L'Anglais n'a d'amour pour sa terre qu'en proportion de ce qu'elle lui rend ; elle n'est rien pour lui qu'un moyen de richesse et d'activité, il l'occupe féodalement, et comme par droit de conquête. Quant au sol natal, il n'a pour lui aucune superstition. Le patriotisme anglais consiste dans le fanatisme du sang. Ce qui réunit les Anglais, ce n'est pas la terre, c'est la race. Leur patrie n'est pas circonscrite, par conséquent elle est partout où se parle la langue anglaise, où se trouvent des hommes de race anglaise. C'est là ce qui explique la facilité avec laquelle voyagent et émigrent les Anglais de toute condition. Un tel peuple n'aurait jamais adopté pour symbole de sa domination l'immobile Capitole. Il semblerait au premier abord que ce sentiment de la race dût être moins fort que celui qui provient de l'attachement au sol, et cependant il n'en est rien. L'orgueil du sang établit entre les Anglais de diverses classes une franc-maçonnerie occulte qui se traduit par une solidarité étroite et forte. Ils se soutiennent mutuellement dans les grandes et petites choses avec une âpreté qui quelquefois frise l'injustice et l'abus de la force. C'est surtout dans leurs relations avec l'étranger que cette solidarité apparaît sous son aspect révoltant ; ils n'ont aucune pitié pour son ignorance des usages nationaux, aucune justice pour ses réclamations ; l'étranger est, dirait-on, en dehors de la loi anglaise. C'est une opinion reçue sur le continent qu'un procès engagé en Angleterre se terminera toujours au détriment de l'étranger. « Ils se soutiennent tous comme larrons en foire, » disait un artisan qui revenait d'Angleterre, avec la naïveté d'un homme qui ne sait pas raffiner sur ses impressions. Or ce patriotisme à la fois très matériel et très moral est précisément propre à toutes les races germaniques. Cette patrie qui coule dans le sang est la seule qu'elles possèdent. Seulement l'orgueil de la race a été poussé par les Anglais plus loin que par aucun peuple, à l'exception des Juifs. Les autres peuples, à mesure qu'ils se civilisent, perdent rapidement le souvenir de leur origine et sont réunis par des liens plus souples et moins matériels ; un Français ignore parfaitement qu'il est d'origine celtique, mais le dernier mendiant anglais sait qu'il est Anglo-Saxon, et il s'en vante. Dans ce patriotisme, nous retrouvons encore l'esprit barbare, exclusif de leurs ancêtres, cet esprit de race qui jadis poussa les Saxons à refouler et à massacrer les Celtes plutôt qu'à se fondre avec eux, qui a depuis si bien réussi à dépeupler et à subjuguer l'Irlande sans conquérir autre chose que ses haines, qui tient les populations de l'Inde si bien séparées des colons anglais, qu'il n'est pas à craindre que leur commerce ait pour résultat de créer un nouveau peuple, qui a diminué enfin d'une manière si sensible le nombre des indigènes d'Amérique et d'Australie.

À propos de ce patriotisme, disons, en manière de parenthèse, que l'orgueil national anglais n'est guère moins insupportable pour un esprit bien fait que la vanité nationale des Français. Si le patriotisme français a pour effet inévitable d'agacer les nerfs, le patriotisme anglais vous étourdit comme une solide migraine. Il entre une forte dose de pédantisme dans la manière dont ce peuple exprime sa satisfaction nationale. La vanité du Français ne s'applique presque jamais qu'à son histoire passée ; avec lui, on a du moins cette ressource qu'il dira sans se gêner tout le mal possible de l'état présent de son pays ; il va calomnier sans se faire prier ses concitoyens et son gouvernement. Avec l'Anglais, cette compensation vous est refusée ; il vous faut avaler l'éloge de *notre* gigantesque commerce, de *notre* puissante marine, de *notre* immense crédit public ! Chaque jour, l'Angleterre se chante un dithyrambe à elle-même. « Nous sommes un grand peuple » est le refrain obligé de ses journalistes et de ses orateurs. Ce patriotisme pourrait à bon droit s'appeler parfois de l'insolence, s'il n'était exprimé avec une naïveté qui désarme. Emerson raconte à ce sujet qu'une dame anglaise sur le Rhin, entendant un Allemand désigner comme étrangers les voyageurs avec qui il se trouvait, s'écria : « Non, nous ne sommes pas étrangers, nous sommes Anglais ; c'est vous qui êtes des étrangers. » Décidément tous les peuples se valent en fait de sottise nationale : la Russie seule, malgré son esprit d'envahissement, avait fait exception ; mais depuis que, selon l'expression d'un de ses ministres, elle se *recueille*, il est impossible de dire quels résultats auront ses méditations.

« Nous ne sommes pas des étrangers, nous sommes des Anglais. » Le mot de cette dame anglaise peut nous faire rire ; cependant, tout ridicule qu'il est, il exprime un fait : les Anglais sont des citoyens du monde. Grâce au caractère particulier de leur patriotisme tel que nous l'avons expliqué, ils n'ont d'autre patrie que leur communauté d'origine. Swedenborg prétendait que l'homme était composé de petits hommes ; chaque Anglais est une petite Angleterre. Il emporte l'île tout entière en lui, avec ses préjugés, ses mœurs et ses institutions ; le missionnaire vend des culottes et du calicot aux sauvages ; le commerçant distribue des bibles et enseigne la parole de vérité. Le Français, en dehors de son pays, ne représente rien que lui-même, son caractère et ses goûts individuels ; l'Anglais représente toute une race ; il ne s'assimile pas aux autres peuples, il s'impose. Quand vous vous demanderez pourquoi l'Angleterre a échappé à ces révolutions subversives qui arment les classes les unes contre les autres, pensez à cette franc-maçonnerie du sang qui unit les plus pauvres mendians aux plus grands lords ; elle établit une unité de sentimens et une unité d'action autrement fortes que toutes les centralisations et toutes les machines administratives. L'orgueil de race efface toutes les distinctions et crée une fraternité indissoluble, pareille à celle de ces guerriers germains qui se-faisaient lier les uns aux autres pour vaincre ou pour mourir ensemble.

S'ils sont envahisseurs par nature et despotiques pour tout ce qui est en dehors d'eux, au moins ils ne le cachent pas, et ils l'avouent à visage découvert. Leur grande vertu est la véracité, cette qualité admirable des populations barbares de la Germanie. À cet amour même de la vérité est uni un sentiment pratique qui ressemble beaucoup à la véracité, le sentiment de la réalité. L'Anglais ne sait mentir d'aucune manière, ni par égoïsme, ni par imagination, ni par politique.Les peuples du Midi se sont fait une habitude poétique du mensonge ; ils mentent par plaisanterie, par besoin d'imagination, par excès de sociabilité, et s'enivrent de leur propre mensonge. Le Français ment aussi, beaucoup par politesse, quelquefois par bonté naturelle, le plus souvent par esprit de résistance. Le mensonge est chez nous une arme de défense personnelle qui nous sert à écarter notre voisin et à reconduire dans les formes, de manière à ne lui laisser aucun prétexte de nous nuire. Certaines nations du Nord, qui semblent avoir compris instinctivement tout le parti qu'on pouvait tirer des vices humains en leur donnant une forme aimable, mentent par intérêt et calcul, non plus d'une manière passive, comme le Français, mais agressivement, et dans une intention despotique. L'Anglais ne ment pas, ni pour attaquer ni pour se défendre, et le silence est son unique méthode de taire la vérité. Quand il essaie de mentir, il le fait avec une gaucherie qui indique que le mensonge est une arme dont il ne sait pas se servir. Il peut être cruel, injuste, égoïste, mais dans ses vices il n'entre pas la moindre ombre de déloyauté. — L'Anglais, dit fort bien Emerson, n'est pas du bois dont on fait l'assassin politique, l'inquisiteur, le conspirateur, l'affilié de sociétés secrètes, aimables emplois de l'activité humaine qui impliquent tous des habitudes de dissimulation ténébreuse et le mépris de la vérité. — S'il lui faut choisir entre l'impolitesse et le mensonge, il choisit franchement l'impolitesse. Sa franchise va si loin, qu'elle est quelquefois agressive : il vous jette à la face de grosses vérités, même quand il n'y a aucune raison de les énoncer. Cet amour de la vérité est le fond du génie de beaucoup de leurs grands hommes. Ils sont très nombreux, les hommes célèbres de l'Angleterre qui nous enseignent cette leçon morale, qu'on peut être grand sans avoir beaucoup de génie. Le docteur Johnson et le duc de Wellington sont de beaux types de ces hommes qui, sans avoir reçu de grands dons de la nature, et avec des facultés ordinaires, ont conquis la gloire, cette déesse qui aime les privilégiés, à force de rectitude et de franchise. L'histoire anglaise est pleine de traits de franchise qui dépassent ceux qu'on peut trouver dans les annales des autres peuples. Il y a peu d'exemples de courage moral plus beaux que celui de l'évêque Latimer, qui, un jour de réception officielle du haut clergé anglican par le roi, présenta à Henry VIII une copie de la Bible, avec une marque à ce passage : « Dieu jugera les adultères et les souteneurs de courtisanes. » C'est cette invariable véracité et cette solide franchise qui ont établi la renommée du commerce anglais et la sûreté de son crédit public.

L'Angleterre est assise sur la véracité et la bonne foi, et cette véracité est pour elle une nécessité autant qu'un instinct, car, du jour où elle mentirait, l'imposant édifice s'écroulerait de lui-même.

En toutes choses, les Anglais aiment la réalité, qui est la forme extérieure de la vérité, et ne se paient pas d'apparences et de chimères. Ils ont été accusés d'être matérialistes ; mais leur matérialisme n'est, à tout prendre, que la protestation d'hommes qui n'aiment pas à être dupes et à se nourrir de fumée. Ils ne veulent pas, selon l'énergique parole de l'apôtre, boire de la cymbale et manger du tambour. Ils croient plus aux faits qu'aux paroles, non-seulement pour les autres, mais pour eux-mêmes. Ils n'ont aucune bonne opinion d'eux-mêmes tant qu'ils n'ont pas fait quelque chose, et ils ne deviennent invincibles que dès qu'ils sont sûrs d'eux-mêmes. C'est un proverbe saxon qui se retrouve au fond de toute leur histoire, qu'un homme ne connaît jamais sa force véritable que lorsqu'il l'a essayée. Ils n'ont aucun des critériums délicats du tact, de l'esprit de finesse, de l'intuition, pour pénétrer le mérite latent d'un homme avant qu'il se soit révélé. Ces facultés d'appréciation féminines ne conviennent pas à cette race virile ; ils n'ont d'autre moyen d'appréciation que les actes et les œuvres accomplis, mais alors la supériorité de leur jugement se révèle, ainsi que leur grand esprit de justice. Chaque chose est estimée pour ce qu'elle vaut, depuis le talent d'un boxeur jusqu'à la correspondance d'un journal. Ils savent exactement proportionner la récompense au mérite intrinsèque de chaque œuvre produite ; telle chose doit se payer par de l'argent, telle autre par de l'estime, celle-ci par de la popularité, celle-là par une pairie. Ils ne surenchérissent, ni ne marchandent sur rien. Il est difficile de tromper et d'abuser longtemps des hommes d'un pareil bon sens, car ils veulent voir partout un exact équilibre entre les paroles et les actes, une exacte appropriation des moyens à la fin. Ils ne sacrifient pas à l'apparence, à la vanité ; ils ne cèdent qu'à la nécessité. Leur architecture n'est pas établie sur des règles géométriques et des principes esthétiques : elle est déterminée par les nécessités de la vie. La maison est construite pour son habitant et conformément à sa manière de vivre. Il en est de même de tous les détails de la vie. Le costume tire son élégance de la juste application du vêtement à l'usage auquel il est destiné ; il est toujours élégant, selon eux, s'il remplit les conditions d'aisance, de commodité, de chaleur, en vue desquelles il a été confectionné. Cet attachement passionné à la réalité a été très bien saisi et très vivement rendu par Emerson : « Ils aiment la réalité dans la richesse, le pouvoir, l'hospitalité, et apprennent difficilement à se contenter de l'apparence… Ils n'ont pas un grand goût pour les ornemens ; mais s'ils portent des bijoux, il faut que ce soient des bijoux. On lit dans le vieux Fuller qu'une dame au temps d'Elisabeth aurait autant aimé avaler un mensonge que de porter de fausses pierres précieuses et des pendans de fausses perles. Ils ont une préférence et comme une sorte d'appétit terrestre pour la propriété territoriale, préférence qui est, dit-on, caractéristique de toutes les races germaniques. Ils construisent leurs maisons en pierres ; leurs édifices publics et privés sont également massifs et durables. Ceux qui comparent leurs vaisseaux, leurs maisons, leurs édifices publics avec nos vaisseaux, nos maisons, nos édifices publics d'Amérique, disent communément qu'ils dépensent une livre sterling là où nous dépensons un dollar. Les simples et riches vêtemens, les simples et riches équipages, l'extrême simplicité et l'extrême richesse de leurs demeures et de leurs ameublemens portent témoignage de la véracité anglaise. »

Comme toutes les choses de ce monde, cet amour de la réalité a son revers, et c'est à une altération de ce vigoureux sentiment qu'il faut rapporter le grand péché intellectuel de l'Angleterre : l'importance exagérée donnée à la richesse. La richesse est en effet, à prendre les choses d'un point de vue étroit et matériel, la plus solide réalité de ce monde ; c'est en outre un moyen commode d'apprécier la valeur d'un homme et de mesurer sa situation sociale. Le sentiment de la dépendance à laquelle la pauvreté soumet l'homme augmente encore chez cette indépendante nation l'admiration de la richesse. Les Anglais semblent penser avec les anciens que la pauvreté fait perdre à l'homme la moitié de sa valeur, ils chantent avec Aristophane les mérites du dieu Plutus, et avec Pindare les vertus du vainqueur du *turf*, possesseur des splendides équipages et des riches coupes d'or. Ils sont, sous ce rapport, aussi païens et aussi anti-chrétiens que possible. Ils semblent n'avoir jamais eu même le sentiment lointain de cette indépendance dans la pauvreté qui a été le partage de races plus délicates. Emerson cite un mot de Nelson qui fait frémir : « Le manque de fortune est un crime que je ne peux pas pardonner. » — « La pauvreté est infâme en Angleterre, » disait Sidney Smith. N'en déplaise à Nelson et à Sidney Smith, ce n'est pas la pauvreté qui est infâme, c'est cet abominable culte de Mammon. Ce respect de la richesse est plus qu'un défaut, c'est un crime ; c'est la grande corruption que les Anglais ont jetée dans le monde ; ils ont infecté de cette fausse idée, inconnue avant eux, toutes les autres nations. Dieu seul sait quel châtiment il tient en réserve pour punir cet attentat contre l'humanité ; ce qui est certain, c'est que les Anglais paieront leur coupable idolâtrie, comme les autres peuples ont payé toutes les corruptions dont ils ont donné l'exemple aux nations et qu'ils ont rendues enviables.

L'esprit conservateur de l'Angleterre tient de très près à ce sentiment de la réalité. L'intelligence de l'Anglais est mal à l'aise dans les théories, et ne conçoit bien une idée que lorsqu'elle est revêtue d'un corps. Le fait et l'idée sont pour lui identiques ; aussitôt que la substance matérielle disparaît, il n'existe plus rien que le vague. De là l'attachement qu'il a pour ses institutions, de là aussi la timidité avec laquelle il dirige ses attaques contre les préjugés dont il reconnaît l'influence malfaisante. Il peut ne pas aimer l'aristocratie ; mais comment gouvernera-t-on, lorsqu'une fois l'aristocratie aura disparu ? Il peut ne pas aimer l'église ; mais comment le peuple priera-t-il si l'église est une fois renversée ? Voilà la crainte qui arrête la main de tout ardent Anglais, et qui tempère ses passions politiques. En outre les institutions établies ont pour un peuple pratique comme le peuple anglais un avantage inappréciable ; elles donnent à l'homme la mesure du devoir qu'il doit accomplir et les instrumens nécessaires pour l'accomplir. Prenons un exemple, l'église anglicane si l'on veut. Emerson met finement le doigt sur toutes les plaies religieuses de l'Angleterre ; il montre bien le caractère illogique de l'institution anglicane, la dépeint abandonnée par tous les esprits pensans et minée par le germanisme. Sans se laisser abuser par la phraséologie religieuse, il déclare tout net que la religion des Anglais dans la haute société n'est que le complément d'une bonne éducation. Cela est vrai, et cependant combien d'hommes excellens en dehors de l'église et dans l'église même qui, connaissant ces défauts aussi bien qu'Emerson lui-même, s'attachent obstinément au credo anglican ! La raison en est simple ; l'édifice a beau être défectueux, il offre un abri. L'homme le plus pieux, le plus animé de dispositions chrétiennes, verra son ardeur se répandre en fumée, s'il n'appartient pas à une institution fixe. Laissé seul avec la conscience de son devoir, il se trouvera fort embarrassé ; à force d'être général, son devoir n'aura rien de direct ni de pratique. Les instrumens lui feront défaut pour l'accomplir. Comment commencer et par quoi finir ? C'est là le grand vice de tous les esprits solitaires ; les outils leur manquent, et sinon le but élevé et lointain, au moins le but direct et temporel. De telles choses ne sont pas à craindre avec un épiscopat et un *credo* établi, les moyens et les buts d'activité abondent : missions, prédications, culte, enseignement, l'individu n'a que l'embarras du choix. Les Anglais ne résistent pas aux faits, et comme ils ne se font jamais prier pour reconnaître le mérite d'une œuvre quelconque, il s'ensuit que les institutions, quelles qu'elles soient, sont presque inébranlables dans ce pays, car il est rare qu'il y ait une institution qui n'ait pas en elle une parcelle de bien unie à beaucoup de mal. Comment remplacerons-nous le bien qui est mêlé à cet alliage. Tel est le raisonnement invariable de l'intelligence anglaise. Le radical le plus obstiné, le plus ardent pour les intérêts des classes moyennes, ne songe pas à détrôner l'aristocratie, au moins de ses postes officiels de représentation extérieure. Il voudrait avoir le pouvoir réel, celui de l'argent, et laisser à l'aristocratie le pouvoir du rang et des manières, qu'il ne songe pas à lui contester. Le charme personnel, l'attrait des manières, privilège incontestable des classes élevées, sont un des grands ascendans de l'aristocratie sur le peuple. Emerson fait, au sujet des relations entre les différentes classes en Angleterre, une remarque excellente. « Un Anglais, dit-il, ne montre aucune pitié pour ceux qui sont au-dessous de lui dans l'échelle sociale : en revanche toute tolérance de la part de son supérieur le surprend et lui fait perdre de la bonne opinion qu'il avait de lui. » Ce trait admirable a été saisi au vif dans le coin le plus caché du cœur anglais. Ainsi l'esprit conservateur de l'Angleterre s'explique par ce sentiment de la réalité ; les institutions n'y sont pas estimées pour leur valeur philosophique, mais comme mesure, méthode et moyen d'activité.

Le sentiment de la réalité fait le fond de toute la littérature anglaise, et dans ses conceptions les plus fantasques elle ne s'en écarte jamais. Les génies et les lutins de Shakspeare n'ont qu'une idéalité relative. Ils ont des goûts, des préférences, des aptitudes spéciales ; ce ne sont pas des êtres surnaturels, ce sont les habitans invisibles du monde naturel. Les personnages allégoriques de John Bunyan ne sont pas des abstractions, ce sont des êtres en chair et en os, qui dorment, mangent et boivent. Dans le récit de ses voyages, le capitaine Gulliver n'oublie jamais de nous dire combien son navire filait de nœuds à l'heure, quelles étaient les directions de l'aiguille aimantée, quelles plantes fleurissaient à Lilliput ou à Brobdingnac. Le génie de Foë, de Richardson, de Fielding, de Goldsmith, pour prendre toutes les variétés possibles du talent anglais, consiste dans la précision avec laquelle chaque trait est gravé, dans l'art d'accuser chaque individualité, et de présenter chaque fait particulier à son tour avec toute son importance. La force poétique anglaise consiste, non dans une rêverie calme et sereine de l'âme, mais dans l'expression vive, crue, vibrante de l'impression reçue ; l'émotion remplace la contemplation. Emerson est bien sévère en général pour la littérature anglaise ; il lui reproche de n'être pas assez générale, en un mot, de n'être pas platonique : singulier reproche, qui n'est pas d'ailleurs absolument juste. L'élément spiritualiste existe dans la littérature anglaise, et il sort précisément de cet esprit amoureux de réalité. Les Anglais s'attachent au particulier, cela est vrai, mais ils ne se contentent pas de le décrire didactiquement, ils le pénètrent et le fouillent jusqu'à ce qu'ils aient trouvé ce qui est intrinsèquement son être. Ils s'attachent avec ardeur à chaque objet jusqu'à ce qu'ils aient saisi et surpris l'âme de cet objet, l'idée sur laquelle il repose. Aussi l'âme des faits et des choses vit-elle dans leurs écrits ; elle en sort comme le brillant génie du conte arabe du grossier coffret dans lequel il était enfermé. C'est là certainement un spiritualisme d'un genre particulier ; il ne dépasse pas le cercle de la nature, je le veux, mais il ne doit pas être confondu avec un attachement étroit à la matière. Les écrivains et les poètes anglais ne sont pas des hiérophantes et des brahmanes perdus dans la contemplation de l'immuable et de l'inaccessible : ce sont des magiciens merveilleux, et leur baguette, depuis Shakspeare jusqu'à Scott et Byron, a su évoquer des milliers de figures passionnées, mobiles, que le rayon de la vie a frappées, et dont la mémoire humaine a conservé un souvenir distinct comme de personnes connues et aimées.

Les meilleures qualités ont leur point faible par où le mal peut s'introduire. Si ce solide sentiment de la réalité existait sans contre-poids dans l'âme anglaise, l'esprit matérialiste l'envahirait bientôt, et, la timidité égoïste et conservatrice qu'il engendre aidant, un *statu quo* chinois deviendrait la loi de l'Angleterre. Heureusement, pour maintenir l'équilibre entre les deux tendances opposées qui tirent à elles le monde physique comme le monde moral, — le mouvement et le repos, — Dieu a donné aux Anglais, en même temps que le respect des faits extérieurs, une force qui réagit incessamment contre eux, c'est-à-dire un extrême esprit d'indépendance. L'individu isolé se place en dehors de la civilisation tout entière, et s'attribue le droit de la juger. Malgré son apparente soumission, il interroge toutes les institutions, lève le masque de toutes les doctrines, et prononce un verdict, raisonnable ou non, dont il fait sa loi personnelle et dont il ne se départ plus. Quiconque analyse avec soin cette faculté morale que l'on nomme indépendance s'aperçoit bien vite qu'elle n'est que la négation, plutôt instinctive que raisonnée, de tout ce qui est contraire à notre nature, tandis que la soumission peut être à la fois une adhésion instinctive aux choses conformes à notre nature et une adhésion forcée aux choses qui lui sont contraires. L'Anglais, si soumis envers les faits, quand ils répondent à quelque chose qui résonne en lui, ferme impitoyablement ses yeux et ses oreilles devant tout ce qui lui est étranger. Par un singulier bonheur, ses institutions, ses lois, sa religion, se sont trouvées en conformité exacte avec ses instincts. Voilà pourquoi il est si peu enclin aux révolutions ; mais si, par un hasard fatal qui a été la malédiction de presque tous les autres peuples, on avait essayé d'exiger son obéissance à des lois qui fussent étrangères à sa nature, des luttes sans fin auraient éclaté, d'autant plus violentes et difficiles qu'il aurait fallu engager le combat, non avec une armée qu'on peut disperser en quelques heures, mais avec chaque individu pris isolément.

C'est pourquoi je pense que certains partis s'abusent étrangement quand ils croient qu'on pourrait imposer aux Anglais certaines institutions aussi facilement qu'on les a imposées à d'autres peuples. Le roi ou le ministre qui voudrait forcer l'obéissance de cette nation en dépit de ses instincts serait obligé de faire ce qu'on fit au siège de Saragosse, où, la ville une fois enlevée, il fallut faire le siège de chaque rue, de chaque maison, de chaque étage.

Le fond de la langue anglaise n'est point celui que supposait Beaumarchais ; il se compose de deux monosyllabes, *oui* et *non* ; le *oui* ne se fait jamais attendre, et le *non* ne recule jamais. Une fois que l'un ou l'autre de ces monosyllabes est prononcé, les Anglais agissent avec une outrance désormais invariable. Si ce mot prononcé est *oui*, alors vous voyez se produire une obéissance de tous les instans, un amour sans caprices, un dévouement excessif ; si c'est *non*, ce sont des haines opiniâtres et irrévocables. Il y a un mot biblique qui revient souvent dans leurs livres et dans leurs discours et qui exprime bien le fond de leur caractère : « Son amour et sa haine étaient tenaces comme le sépulcre et forts comme la mort. »

L'Anglais ne se soumet donc aux faits que proportionnellement pour ainsi dire, et selon qu'ils répondent plus ou moins à ses instincts ; mais comme tous les faits qui se produisent dans le milieu ambiant où il respire n'ont rien qui lui soit essentiellement contraire, la soumission se trouve plus forte que la résistance, et l'indépendance anglaise, au lieu d'avoir à s'attaquer à des ennemis véritables, n'a plus qu'à s'attaquer à des détails. De là les délicates nuances de la vie politique et religieuse anglaise, qui sont si difficiles à saisir pour des yeux étrangers habitués aux couleurs tranchées. Les Anglais discutent sur d'imperceptibles détails, et les questions sur lesquelles ils se divisent sont quelquefois tellement subtiles, qu'on peut dire sans paradoxe que chez d'autres peuples elles formeraient au contraire des points de contact. Cas de conscience, querelles de ménage, légers dissentimens domestiques, voilà les ressources qui restent à cet esprit d'indépendance absolue. Ce que l'on appelle sur le continent excentricité anglaise ne provient pas d'autre chose que de cette indépendance qui, n'ayant jamais trouvé autour d'elle un motif puissant de protestation, a pris l'habitude de s'attaquer aux détails. L'Anglais se conforme aux mœurs générales et ne s'en sépare que sur un point presque imperceptible. Plus imperceptible est cette dissidence, et plus l'excentricité paraît étrange. Il faut qu'ils soient dissidens sur quelque point ; il faut qu'ils aient un soupirail, quelque étroit qu'il soit, par où leur âme puisse respirer. bienfaisante nature, voilà donc à quels exercices modestes tu as amené par le cours du temps l'anarchique indépendance et la farouche liberté des anciens pirates Scandinaves et des guerriers barbares !

Donc cette concordance des institutions nationales avec les instincts populaires, en gênant l'indépendance sans la détruire, produit ce qu'on appelle excentricité. Empêchée et comme emmaillottée par des habitudes chéries, et presque malheureuse par trop de bonheur, l'individualité humaine se révèle dans ce pays de la façon la plus bizarre. C'est le pays des idées fixes, des dadas, des *hobbies*. Un homme passe sa vie à demander l'abolition des bourgs pourris, ou une réforme postale, ou l'abolition de certains droits de douane, et il trouve que c'est un emploi suffisant de l'existence. Il ne suit qu'une idée unique, idée qui n'a presque jamais rapport qu'à un fait unique ; mais il la suit jusqu'à la mort. L'Angleterre moderne est néanmoins le pays de l'individualité par excellence, le pays où le bienfait de l'individualité s'est étendu au plus grand nombre d'hommes. Certes l'individualité y est plus vigoureuse que grande, et des expressions dédaigneuses et étourdies viennent aux lèvres, quand on compare les Anglais contemporains aux anciens Italiens, par exemple, chez lesquels une vie infinie s'enfermait dans le plus étroit espace possible. Sienne, Lucques, Pise et Florence ont possédé des individualités telles que n'en possède point l'immense empire britannique ; mais en revanche, si les individualités sont moins hautes de taille, elles sont plus nombreuses. On trouverait difficilement un Anglais qui n'eût pas en tête une idée particulière à faire triompher, une invention à produire, un détail à révéler. Si leur personnalité n'est pas plus grande, n'en accusez pas, comme on l'a fait souvent avec injustice et comme Emerson l'a fait lui-même, leur génie et leur caractère ; n'en accusez que l'impuissance heureuse où ils sont de s'attaquer à quelque chose de général par suite de l'harmonie extraordinaire qui existe entre les hommes et l'état social. Leur personnalité intime est au contraire tellement forte, qu'elle se fouille sans relâche, se creuse et se tourmente jusqu'à ce qu'elle se soit trouvé une issue pour s'échapper extérieurement et se faire reconnaître.

J'arrive au dernier trait du caractère national, à la véritable pierre de touche qui donne la qualité de l'âme, — le courage. Le courage anglais m'a toujours frappé par ses allures étranges et ses préférences excentriques. Il est absolument barbare et septentrional : on dirait le courage d'hommes qui ont toujours lutté non contre des hommes, mais contre des forces naturelles. On raconte que les Gaulois, dans leurs excursions guerrières, levaient leurs épées en l'air toutes les fois qu'il tonnait : « Si le ciel s'écroule, disaient-ils, nous le soutiendrons avec nos épées. » Voilà le courage français dès l'origine ; c'est celui d'hommes qui ne se sont jamais mesuré qu'avec des hommes, et qui traitent les forces de la nature comme un ennemi humain. J'imagine au contraire que les anciens Scandinaves, lorsqu'il tonnait, essayaient non de braver le tonnerre, mais de se faire un abri solide, qu'ils ne se fiaient pas à leurs épées pour combattre l'orage, et que s'ils avaient pu dérober au dieu Thor quelques-uns de ses marteaux pour le combattre à armes égales, ils l'auraient fait volontiers. Les Anglais traitent les hommes comme ils traiteraient des forces naturelles dont ils ne connaîtraient pas la puissance exacte. Ni le tigre ni le lion ne sont lâches, et cependant ils reculent devant un ennemi inconnu : l'Anglais recule aussi avec la timidité de la bête fauve, jusqu'à ce qu'il ait reconnu son adversaire, rassemblé ses forces et surtout pris son parti. Ce n'est pas par calcul qu'il recule, c'est par un sentiment beaucoup plus honorable, c'est par défiance de lui-même. Il ne se bat que lorsque la fatalité le veut ; alors il marche intrépidement à son sort. Aussi ce n'est pas dans ses luttes avec l'homme qu'il est le plus remarquable, c'est dans la lutte avec ce qu'il y a de plus tyrannique et de plus fatal, les forces naturelles. L'héroïsme, très réel pourtant, de l'Anglais sur le champ de bataille est bien dépassé par l'héroïsme du pionnier isolé au sein des forêts et du marin sur l'Océan. Ils se battent bravement avec des ennemis muets, avec des bancs de glace, avec des crocodiles et des alligators, avec des serpens et des tigres. Les annales de leur marine et de leurs colonies contiennent des milliers d'exemples de cet héroïsme presque inconcevable. On dirait d'hommes qui n'ont fait toute leur vie que chasser l'ours blanc du pôle et se battre avec les monstres de la mer. Ce dédain des dangers naturels est leur vrai courage : il avait fait de leurs ancêtres d'étonnans pirates ; il a fait d'eux d'étonnans colons et d'extraordinaires marins.

L'Angleterre représente donc la civilisation barbare. Partout ailleurs contrarié, impuissant à s'exprimer sous une forme précise, mal pondéré et trop obéissant à ses instincts pour avoir appris à les gouverner, le génie germanique a trouvé en Angleterre son expression pratique, et a montré ce dont il est capable, non plus dans la vie spéculative, mais dans la vie politique et active. Traditions, institutions, langue, habitudes, caractère, vertus et vices, tout est là profondément germanique. Il est entré de l'alliage latin dans cette civilisation, je le sais ; mais cet alliage y est entré dans une proportion très mince, dans la même proportion que le cuivre entre dans nos monnaies d'argent et pour le même but. Il n'a servi qu'à donner à ce génie plus de sonorité et de solidité ; il a été la soudure qui a servi à attacher ensemble toutes les pièces de cette civilisation. Un peu de discipline était nécessaire pour que cette indépendance excessive ne devînt pas de l'anarchie ; un peu de culture romaine était nécessaire pour que cet esprit sauvage eût honte de lui-même et ne persistât pas dans son ignorant orgueil : la civilisation romaine a fourni cette parcelle de discipline et de culture, et, sous l'influence de ce levain imperceptible, la pâte barbare a fermenté avec une vigueur extrême. Les Anglais n'en sont pas moins restés ce qu'étaient leurs pères, et ils n'ont fait que développer en mieux leurs qualités et leurs instincts. Leurs pères étaient anarchiques, ils sont libres et indépendans ; leurs pères étaient marins et pirates, ils sont marins et commerçans ; leurs pères étaient fermiers, pêcheurs, chasseurs, ils sont encore fermiers, pêcheurs et chasseurs ; leurs pères voyaient le monde animé par des légions de travailleurs invisibles nommés *trolls* ou nains, ils ont réalisé ce rêve de leurs pères et ont fait de l'Angleterre un royaume de *trolls* étonnamment actifs. Ces barbares scandinaves, si féroces et si sanguinaires, avaient sous cette dureté extérieure un cœur accessible aux sentimens les plus chastes et les plus délicats ; ils avaient l'amour du foyer domestique, le respect de la famille. Les Anglais modernes ont conservé ces sentimens, et y ont ajouté tout ce que la civilisation peut y ajouter de délicatesse. La tendresse du cœur anglais étonne par sa douce violence. Le rude Nelson frappé à mort à Trafalgar trouve des accens de douceur familière qui ne semblent pas devoir appartenir à cet implacable haïsseur. Il se retourne vers lord Collingwood : « Embrasse-moi, Hardy, dit-il avec la douceur d'un écolier. Et puis, comme un enfant qui va au lit, dit Emerson, il s'endort du sommeil éternel. » dans les plus grands traits comme dans les nuances les plus délicates, ils restent essentiellement germaniques.

Voilà le vrai caractère de la nation, l'unité qui réunit en un faisceau toutes ses contradictions. Ce caractère mérite bien qu'on le décrive et le médite, car il représente une civilisation définitive, désormais arrêtée et précise. Il n'a rien de vague, rien qui soit en train de formation et d'élaboration. Le temps pourra y ajouter encore quelques ornemens, mais désormais il existera tel qu'il est. Le nombre de nations qui sont arrivées à être en possession parfaite d'elles-mêmes, à présenter au monde une expression définitive de leur être intime, n'est pas grand. Jusqu'à présent, les âges modernes n'en comptent que deux, l'Angleterre et la France. Chez ces deux peuples seulement se rencontrent nettement dessinés les deux caractères contraires qui se trouvent répandus partout en Europe à l'état de vagues instincts : en Angleterre, l'esprit germanique ; en France, l'esprit celtique et latin. Et telle est la raison pour laquelle, malgré tout ce qu'elles ont de contraire et d'ennemi, les deux nations sont invinciblement attirées et repoussées l'une vers l'autre, car elles sont les deux pôles d'un même aimant dont le nom est civilisation. Elles ne *servent* pas seules la civilisation, mais seules elles la représentent nettement, et sous une forme définitive et précise.

EMILE MONTEGUT.

1. ↥ A propos des invasions danoises, Emerson fait la remarque que cette longue émigration semble avoir tari d'hommes et de génie les états scandinaves, qui depuis n'ont été que des états secondaires. Cette remarque, vraie peut-être pour le Danemark, et fausse pour la Suède, qui, si elle n'est pas un état de premier ordre, a joué plusieurs fois dans l'histoire le rôle de puissance de premier ordre. L'émigration barbare n'a certainement pas appauvri de génie la patrie de Gustave-Adolphe et de Charles XII.

2. ↥ Et encore, au risque de scandaliser les admirateurs fanatiques du siècle de Louis XIV, on peut soutenir que ce n'est pas au XVIIe, mais au XVIIIe siècle qu'ont apparu les vrais caractères de la beauté française, qui sont la gentillesse, la grâce, le mouvement et la vivacité. La beauté des personnages illustres du règne de Louis XIV frappe par son caractère individuel plutôt que par son caractère national. Au XVIIIe siècle au contraire ; le caractère national apparaît finement marqué sur toutes les physionomies.